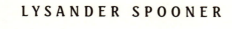

LYSANDER SPOONER

VÍCIOS
NÃO SÃO CRIME

Coleção *B*

Copyright © 2003 Editora Aquariana
Título original: Vices are not Crimes
(A Vindication of Moral Liberty), 1875

Tradução e Revisão: Wagner Mello D'Ávila
Editoração eletrônica: Ediart
Capa: Niky Venâncio
Impressão e acabamento: Bartira Gráfica e Editora S/A

**CIP – Brasil – Catalogação na Fonte
Sindicato Nacional dos Editores de Livros, RJ**

5749v
Spooner, Lysander, 1808-1887
Vícios não são Crime / Lysander Spooner ; tradução de
Miguel Serras Pereira. – São Paulo : Aquariana, 2003 -
(Lado B)

Tradução de: Vices are not Crimes
ISBN 85-7217-086-3

1. Liberdade. 2. Vícios. 3. Crimes
I. Título. II. Série.

03-0192 CDD 323.44
CDU 342.721

Direitos reservados:
Editora Aquariana Ltda.
Rua Lacedemônia, 68 – Vila Alexandria
04634-020 São Paulo - SP
Tel.: (0xx11) 5031.1500 / Fax: 5031.3462
aquariana@ground.com.br
www.ground.com.br

APRESENTAÇÃO

Lysander Spooner nasceu em janeiro de 1808 em Athol, MA, e faleceu em maio de 1887 em Boston, MA. Ele cresceu na fazenda paterna, a qual deixou aos 25 anos para se tornar um caixeiro em Worcester. Logo, entretanto, ele começou a estudar direito, passando seus primeiros sete anos como advogado em Ohio.

Ao longo da década de 1830, envolveu-se no movimento do Pensamento Livre como panfleteiro, período em que se tornou opositor da escravidão e um ardente contestador do sistema bancário, escrevendo intensamente sobre esses assuntos por toda a vida.

Em 1844, Spooner deu início a seu próprio serviço postal, a American Letter Mail Company, transportando cartas entre Baltimore, Filadélfia e Nova York. No ano seguinte, porém, sua empresa postal foi declarada ilegal pelo governo.

Defensor da lei natural ou lei comum (*common law*), publicou em 1846 a obra intitulada *Pobreza: suas causas ilegais e sua cura legal*, em que afirmava ser um princípio da lei natural que todo homem fosse titular de "todos os frutos de seu próprio trabalho".

Durante sua carreira como dissidente, Spooner gradualmente tornou-se mais radical. Muito de sua crítica econômica, financeira e política, estava baseada no argumento de que muitas medidas eram inconstitucionais.

Vícios não são crime, livro escrito em 1875 pelo advogado, empreendedor e político radical descrito nos parágrafos anteriores, é uma arguta contestação do *establishment* norte-americano do século XIX.

Não apenas do século XIX, diríamos. O texto de Lysander Spooner ecoa nesse início do século XXI com sonoridade bem atual, à medida que discute *crimes* e *vícios*.

> "Os vícios são simples erros que um homem comete ao buscar a sua felicidade individual. Ao contrário dos crimes, não implicam qualquer intenção criminosa relativa a outrem, nem qualquer dano relativo à sua pessoa ou aos seus bens" (p. 9).

Tendo então por motes os conceitos de *vício* e *crime* acima, o autor compõe, muitas vezes usando um texto de estrutura silogística, uma crítica à sociedade de seu tempo, sobretudo ao governo e à igreja.

No que tange ao governo, Spooner frisa todo o tempo, com sua verve política radical, que é o povo que o estabelece, isto é, que o governo é composto por homens, e, como tal, está permanentemente incapacitado para censurar os vícios de outros homens:

> "Para um governo, declarar que um vício é um crime e puni-lo enquanto tal constitui uma tentativa de falsificar a própria natureza das

coisas. É tão absurdo como se o mesmo governo declarasse que a verdade se tornaria mentira, ou a mentira verdade" (p. 10).

Já em relação à igreja, o escritor não mede esforços para mostrar a seu público seu particular ponto de vista sobre a igreja, notadamente a católica romana, materializada na figura do papa:

> "Alguns (...) contentam-se com exercer o seu poder sobre uma esfera reduzida, a saber, sobre os seus filhos, os seus vizinhos, os seus conci-dadãos, e os seus compatriotas. Outros tentam exercê-lo a outra escala. Por exemplo, há um velho, em Roma, que, assistido por certos subal-ternos, tenta resolver todas as questões de virtude e de vício; quer dizer, de verdade ou de mentira, sobretudo em matéria de religião" (p. 18).

Contudo, de que vícios trata Spooner? O jogo, o fumo, o álcool (sobretudo este último) estão contidos, entre outros tantos, na resposta a essa questão. São vícios sob seu sempre exclusivo modo de enxergar o mundo; afinal, de acordo com o autor, a linha que separa vício e virtude é tênue:

> "Não há, então, ninguém entre nós que possa extrair para outrem os ensinamentos dessa indispensável lição da felicidade e da infelicidade, da virtude e do vício. Trata-se de qualquer coisa que cada um de nós tem de aprender por si próprio. Para poder aprendê-lo, deve gozar de uma total liberdade de tentar todas as experiências que considere necessárias. Algumas dessas expe-

riências são bem-sucedidas, recebem o nome de virtudes; outras falham e, porque falham, recebem o nome de vícios" (p. 15).

Mais aqui escrevermos seria furtar ao leitor maior gama de descobertas e de possibilidades de interpretar – deleitando-se intelectualmente – as palavras de Spooner. Assim, apresentamos uma última transcrição. Sem ousar estabelecer comparações entre as genialidades, não poderíamos deixar de notar a semelhança de idéias ente Spooner e um contemporâneo seu, o mestre Machado de Assis, de *O alienista*:

> "Se um governo tiver de dizer que algum desses vícios releva da sua competência, e que o pune enquanto crime, então, para ser coerente, deverá dizer que todos os vícios relevam da sua competência, e puni-los a todos de maneira imparcial. O resultado seria que toda a gente, homens e mulheres, se encontrariam na prisão devido aos seus vícios. Ninguém ficaria de fora para correr o ferrolho do calabouço dos presos." (p. 21).

Fica a sugestão de proximidade entre o escritor norte-americano e o brasileiro como aperitivo à degustação desse texto. Boa leitura!

Fernando Alves*
Diretor da Coleção B

---

* Formado em Letras Clássicas e Vernáculas da USP, tradutor e autor de obras de poesia e contos e do "Dicionário de expressões estrangeiras correntes na língua portuguesa".

1

Os vícios são atos através dos quais um homem lesa sua própria pessoa ou seus bens.

Os crimes são atos através dos quais um homem lesa alguém ou seus bens.

Os vícios são, apenas, os erros que um homem comete ao buscar sua felicidade individual. Ao contrário dos crimes, não implicam em qualquer intenção criminosa em relação aos outros, ou em qualquer dano a seus bens.

Falta, nos vícios, a essência do crime em si mesma – a intenção de lesar outra pessoa ou seus bens.

Segundo a máxima jurídica, não há crime sem motivo, isto é, o propósito de causar dano a outra pessoa ou a seus bens. Mas, ninguém jamais se entrega a um vício movido por tal intenção criminosa, e sim em busca, unicamente, da sua própria felicidade, e sem qualquer intenção de causar mal a quem quer que seja.

Enquanto não for claramente estabelecida e reconhecida pelas leis uma distinção entre os vícios e os crimes, não poderá existir na terra nada como os direitos individuais, liberdade ou propriedade, nem nada que se pareça de perto com o direito de um outro homem dispor livremente da sua pessoa e dos seus bens.

Ao declarar que um vício é um crime e puni-lo enquanto tal, um governo tenta falsificar a própria natureza das coisas. É tão absurdo como declarar que a verdade era mentira, ou a mentira verdade.

II

Todo ato voluntário da vida de um homem ou é virtuoso ou não. Quer dizer, ou está em acordo ou em conflito com as leis naturais da matéria e do espírito, das quais dependem a sua saúde e o seu bem-estar físico, mental e afetivo. Em outras palavras, cada ato da vida de um homem tende, no seu todo, para sua felicidade, ou para sua infelicidade. Não há um único ato em toda a sua existência que seja neutro.

Além disso, cada ser humano difere de qualquer outro pela sua constituição física, mental e afetiva, bem como, pelo meio que o rodeia. Portanto, muitos atos que são virtuosos e levam à felicidade no caso de um indivíduo, representam vícios e levam à infelicidade no caso de um outro.

De igual modo, numerosos atos, que são virtuosos e representam a felicidade de um homem num dado momento, num certo conjunto de circunstâncias, são viciosos e causam a infelicidade do mesmo homem, em outro momento e circunstâncias.

III

Saber quais ações são virtuosas e quais são viciosas – em outras palavras, saber quais as que tendem, globalmente, para a felicidade, e quais as que tendem para a infelicidade – no caso de cada homem individualmente, em cada uma como em todas as circunstâncias com as quais ele se pode ver individualmente confrontado, demanda um estudo mais profundo e complexo que o cérebro humano jamais empreendeu ou poderá alguma vez empreender. E no entanto trata-se também da reflexão constante à qual cada homem – seja o seu intelecto o mais desenvolvido ou o mais humilde – é *obrigatoriamente impelido* devido aos desejos e necessidades da sua própria existência. Também é o estudo a partir do qual todo e qualquer indivíduo, desde o berço até a sepultura, deve chegar às suas próprias conclusões; porque ninguém mais sabe ou sente, ou pode saber ou sentir, aquilo que ele sabe ou sente, seus desejos e necessidades, suas esperanças e seus medos, e os impulsos que são próprios do seu caráter ou da pressão das circunstâncias.

IV

Muitas vezes, não se pode dizer que os atos denominados *vícios* o sejam na verdade, exceto em grau. Ou seja, é difícil afirmar que tais ações, ou conjuntos de ações, seriam mesmo *vícios, se fossem interrompidas num momento dado.* Portanto, a diferença entre a virtude e o vício é, em todos os casos, uma diferença de quantidade e de grau e não do caráter intrínseco de um ato único isolado. Este fato soma-se à dificuldade, para não dizermos a impossibilidade seja para quem for – exceto o próprio indivíduo em relação a si mesmo – de traçar uma linha precisa, ou qualquer outra coisa semelhante, entre a virtude e o vício, quer dizer, definir onde acaba a virtude e onde começa o vício. O que é mais uma razão para justificar porque toda esta grande questão da virtude e do vício deveria ser deixada para que cada um decidisse por si só.

V

Habitualmente, os vícios proporcionam prazer, pelo menos durante algum tempo, e muitas vezes só se manifestam como tal, pelos efeitos que produzem, depois de terem sido praticados ao longo de numerosos anos, ou talvez de uma vida inteira. Para muitos, talvez para a maioria dos que se entregam a eles, não se manifestam de maneira alguma como vícios no decorrer da sua existência. Por outro lado, as virtudes, mostram-se com freqüência tão estritas e rudes, exigindo, no mínimo, o sacrifício de tanta felicidade presente e os resultados, que são as únicas provas de que são virtudes estão, com freqüência, tão distantes e obscuros, na verdade, tão absolutamente invisíveis para as mentes de muitos, sobretudo jovens que, pela própria natureza das coisas, não pode existir certeza universal, ou sequer generalizada, de que sejam de fato virtudes. A verdade é que eminentes filósofos gastaram as suas forças – se não de todo em vão, mas com resultados extremamente reduzidos – tentando definir as fronteiras entre as virtudes e os vícios.

Portanto, uma vez que é tão difícil, e pratica-mente impossível, na maior parte dos casos, determinar o que é e o que não é um vício; uma vez que é tão difícil, em quase todos os casos, determinar onde a virtude termina e o vício começa, e se estas questões, às quais ninguém pode real e verdadeiramente determinar para ninguém a não ser a si próprio, não são liberadas e abertas à experimentação por todos. Deste modo, todas as pessoas se vêem privadas do mais importante de todos os seus direitos enquanto seres humanos, isto é: o de descobrir, investigar, pensar, experi-mentar, julgar e determinar por si próprias o que, para elas, é virtude, e o que é vício. Em outras palavras: o que, integralmente as conduz à felicidade, e o que, integralmente, causa-lhes infelicidade. Se esse direito fundamental não for deixado livre e em aberto para todos, então a totalidade do direito de cada homem, enquanto ser humano dotado de razão, à "liberdade e à busca da felicidade", lhe será negada.

VI

Todos chegamos ao mundo ignorando a nós próprios e a tudo o que nos rodeia. Por uma lei fundamental das nossas naturezas, todos nós somos constantemente impulsionados pelo desejo da felicidade e pelo medo da dor. Mas temos necessidade de aprender tudo acerca daquilo que nos pode dar felicidade e preservar da dor. Não há dois entre nós que sejam inteiramente idênticos, quer do ponto de vista físico, quer do mental ou emocional; nem, consequentemente, em nossas necessidades físicas, mentais ou emocionais, de obter felicidade e evitar seu oposto. Então, não há ninguém entre nós que possa aprender esta lição indispensável da felicidade e da infelicidade, da virtude e do vício em lugar dos outros. Cada um de nós tem de aprender por si próprio. Para poder aprendê-lo, deve gozar de uma total liberdade de tentar todas as experiências que considere necessárias. Algumas delas são bem-sucedidas e, porque são bem-sucedidas, recebem o nome de virtudes; outras falham e, por isso, recebem o nome de vícios. A sabedoria vem para um homem, tanto dos seus fracassos como dos seus triunfos e, tanto dos seus supostos vícios como das suas supostas virtudes. Ambos são necessários à aquisição desse conhecimento – o da sua própria natureza, bem como do mundo que o rodeia e da adaptação ou não-adaptação de um ao outro – o que lhe mostrará como se obtém a felicidade e se evita a dor. E, a menos que cada um seja autorizado a tentar as suas experiências à vontade, o caminho do conhecimento lhe é vedado, ficando, conse-quentemente, proibido de procurar o grande sentido e a responsabilidade de sua própria vida.

VII

Nenhum homem é, de maneira nenhuma, obrigado a crer em quem quer que seja, ou a ceder à autoridade de quem quer que seja, quando se trata para ele de um assunto tão vital, e de uma questão na qual ninguém tem, ou pode ter, tanto interesse como ele. Não *pode,* ainda que se disponha a fazê-lo, basear-se cegamente nas opiniões de outros homens, pois se dará conta de que não são concordantes entre si.

Certas ações, ou séries de *ações,* foram praticadas por milhões de homens ao longo de gerações sucessivas, e por eles reconhecidas como tendendo, globalmente, para a felicidade, e portanto, virtuosas. Outros homens, em outras épocas, circunstâncias, ou em outros países, determinaram, em resultado das suas experiências e observações, que essas mesmas ações levavam à infelicidade total, e portanto, eram viciosas. A questão da virtude ou do vício, como afirmei em outro capítulo, já foi de igual modo, para a maioria das mentes, uma questão de grau, ou seja, tratava-se de saber até que ponto certas ações podem ser levadas a cabo, e não do caráter intrínseco de qualquer ato individual isolado. Portanto, as questões da virtude e do vício foram tão diversas, e de fato tão infinitas, como as variedades de mentes, corpos e condições dos diferentes indivíduos que habitam o globo. E a experiência dos séculos deixou por resolver um número infinito destas questões. De fato, mal podemos dizer que algumas delas tenham sido resolvidas.

VIII

No meio dessa interminável variedade de opiniões, que homem, ou que conjunto de homens, tem o direito de dizer, a propósito de qualquer ação específica que seja, ou de qualquer série de ações: "Nós tentamos essa experiência, e respondemos a cada uma das questões ligadas a ela? Nós a determinamos, não apenas para nós próprios, mas para todos os outros? E, no que toca a todos aqueles que são mais fracos que nós, os forçaremos a agir respeitando nossas conclusões. Não toleraremos nenhuma outra experiência ou indagação por parte de ninguém, e, por conseguinte, nenhuma nova aquisição de conhecimento por parte de ninguém"?

Quem são os homens que têm o direito de falar assim? Nenhum, sem sombra de dúvida. Por isso, os homens que, no entanto, falam assim, são impostores sem vergonha e tiranos, *que gostariam de deter o progresso do conhecimento,* e usurpar o controle absoluto das mentes e corpos dos seus semelhantes – pelo que devemos resistir-lhes imediatamente e com todas as forças –; ou homens demasiado ignorantes das suas próprias fraquezas, e de suas verdadeiras relações com outros homens, e merecem apenas piedade ou desprezo.

Contudo, sabemos que existem homens assim. Alguns entre eles contentam-se em exercer o seu poder sobre uma esfera reduzida, a saber, seus filhos, vizinhos, concidadãos, e compatriotas. Outros tentam exercê-lo em uma escala maior. Por exemplo, há um velho, em Roma, que, assistido por certos subalternos, tenta resolver todas as questões de virtude e de vício, quer dizer, de verdade ou de mentira, sobretudo em matéria de religião. Diz conhecer e ensinar as idéias e práticas religiosas que conduzem o homem à sua felicidade, ou são fatais para ela, não só neste mundo como no outro, também. Afirma ser inspirado miraculosamente no desempenho da sua tarefa, virtualmente reconhecendo, como faria qualquer homem razoável que, para tanto, precisa, no mínimo, de uma inspiração miraculosa. Mas essa inspiração miraculosa revelou-se ineficaz exceto no que se refere à resolução de um pequeno número de questões. A coisa mais importante a que os simples mortais podem se agarrar *é uma crença cega na sua infalibilidade (a do papa)!* – e, em segundo lugar, os mais infames dos vícios de que podem ser culpados são os de crer e proclamar que o papa não é apenas um homem como os demais.

Foram necessários mil e quinhentos ou mil e oitocentos anos para se chegar a conclusões definitivas a respeito desses dois pontos essenciais. E, contudo, seria possível dizer que o primeiro deles era uma preliminar necessária para a resolução de todas as outras questões; porque, antes de determinada a sua própria infalibilidade, o papa nada mais pode decidir em conhecimento de causa. Apesar disso, o certo é que tentou ou fingiu resolver algumas outras questões. E poderá talvez tentar ou fingir resolver outras ainda no futuro, contanto que consiga descobrir ouvidos que lhe dêem atenção. Só que seu sucesso, até hoje decerto nada fez que nos levasse a crer que seja capaz de resolver todas as questões de virtude e de vício, ainda que apenas no domínio específico da religião, e de o fazer a tempo de fornecer respostas que satisfaçam as necessidades da humanidade. Ele, ou os seus sucessores, serão sem dúvida levados, dentro em breve, a reconhecer que, para levar a cabo semelhante tarefa, a inspiração miraculosa não basta; e que, necessariamente, devemos deixar a cada ser humano a liberdade de resolver estes tipos de questões por si próprio. Também não é insensato esperar que todos os demais papas, em outras esferas menos importantes descubram, mais cedo ou mais tarde, boas razões que os façam chegar à mesma conclusão. Certamente, ninguém que não afirme possuir uma inspiração sobrenatural, deveria empreender uma tarefa que exige nada menos do que isso. E, evidentemente, ninguém deveria abandonar o seu próprio julgamento para os ensinamentos dos outros, a menos que esteja convencido, em primeiro lugar, de que estes últimos são pessoas detentoras de algo mais que o conhecimento humano sobre as questões em jogo.

Se esses indivíduos, que acreditam-se investidos do poder e do direito de definirem e de punirem os vícios dos outros homens voltassem seus pensamentos para dentro de si mesmos, é provável que se dessem conta de que haveria muito a fazer consigo próprios; e, quando esta tarefa estivesse terminada, decerto se sentiriam pouco dispostos a fazer qualquer coisa mais visando corrigir os vícios dos outros – quando muito, lhes comunicariam os resultados das suas experiências e observações. Neste domínio seus trabalhos possivelmente seriam úteis; mas, provavelmente, no domínio da infalibilidade e da coerção, teriam no futuro e por razões bem conhecidas, ainda menos sucesso que no passado.

IX

É hoje evidente, pelas razões já expostas, que seria totalmente impraticável governar se se tivesse de fazer entrar os vícios no domínio da competência governamental, para puni-los enquanto crimes. Cada ser humano tem os seus vícios. Praticamente, todos os homens os têm em grande número. E existem vícios de todas as espécies; fisiológicos, mentais, emocionais, religiosos, sociais, comerciais, industriais, econômicos etc. Se um governo tiver de tomar conhecimento de alguns deles, e puni-los como crimes, então, para ser coerente, deverá assumir responsabilidade por todos, e puni-los imparcialmente. O resultado seria que todas as pessoas, homens e mulheres, se encontrariam na prisão devido aos seus vícios. Ninguém ficaria de fora para correr o ferrolho do calabouço dos presos. De fato, não haveria tribunais suficientes para julgar os delinqüentes, nem seria possível construir prisões suficientes para eles. Todos os esforços humanos no sentido de se adquirir conhecimento, e até mesmo para a aquisição de meios de subsistência, seriam interrompidos: porque estaríamos todos sempre a ser julgados ou encarcerados por causa dos nossos vícios. Mas ainda que fosse possível prender todos os viciados, o nosso conhecimento da natureza humana nos diz que, regra geral, eles se tornariam mais viciosos na prisão do que fora dela.

X

Um Governo que punisse imparcialmente todos os vícios é, segundo toda a evidência, de tal maneira impossível que nunca se viu, nem verá, uma pessoa tão estúpida que o propusesse. O máximo que se pode sugerir é que o governo puna um vício qualquer ou, quando muito, alguns, ou aqueles que considera mais repugnantes. Mas trata-se de uma discriminação totalmente absurda, ilógica e tirânica. Que direito pode ter, seja que grupo de homens for de dizer: "*nós* puniremos os vícios dos outros homens; mas ninguém punirá os nossos? *Nós* impediremos outros homens de buscarem sua própria felicidade de acordo com as noções que têm dela, mas ninguém *nos* impedirá de buscarmos a nossa, de acordo com as noções que temos dela. Nós limitaremos os outros homens na sua aquisição de qualquer conhecimento experimental necessário à sua própria felicidade; mas a nós, ninguém nos limitará na nossa aquisição de um conhecimento experimental necessário, à nossa própria felicidade"?

Só os ingênuos e os imbecis podem ter pressuposições tão absurdas. E, no entanto segundo toda a evidência, só suposições semelhantes podem permitir a quem quer que seja reclamar o direito de punir os vícios dos outros e proclamar, ao mesmo tempo, a impunidade dos seus próprios.

XI

Nunca se teria pensado em uma entidade, como um governo, nascida de uma associação voluntária, se o objetivo proposto fosse o de punir todos os vícios de maneira imparcial; porque ninguém iria querer uma instituição semelhante ou se submeteria voluntariamente a ela. Mas um governo, nascido de uma associação voluntária, para a punição de todos os *crimes*, é uma proposta razoável por todos quererem proteção contra os crimes dos outros, e reconhecerem de igual modo a justiça da sua própria punição, no caso de cometerem um crime.

XII

Um Governo que tivesse o direito de punir os homens pelos seus vícios é uma impossibilidade natural; porque é impossível que um governo tenha direitos diferentes dos já detidos pelos indivíduos que o compõem, *enquanto indivíduos*. Não poderiam delegar a um governo outros direitos senão os que já eles próprios possuíssem enquanto indivíduos. Eles não poderiam *acrescentar* nenhum direito aos governos, exceto os que eles mesmos tivessem, na qualidade de indivíduos. Seriamente, ninguém exceto um imbecil ou um impostor julga ter, enquanto indivíduo, o direito de punir outros homens pelos seus vícios.

Mas toda e qualquer pessoa tem o direito natural, *enquanto indivíduo,* de punir outros homens pelos seus crimes, porque todas as pessoas têm o direito natural não só de se defenderem e aos seus bens contra os agressores, mas também de assistirem e defenderem qualquer outro indivíduo cuja pessoa ou bens sejam violados. O direito natural de cada indivíduo de se defender e aos seus bens contra um agressor e 'a prestar assistência e a defender qualquer outro indivíduo cuja pessoa ou bens sejam violados, é um direito sem o qual os homens não poderiam existir na terra. E um governo só é legítimo na medida em que assume esse direito natural dos indivíduos e em que é limitado por esse mesmo direito. Mas a idéia segundo a qual cada homem teria o direito natural de decidir o que é virtude e o que é vício – quer dizer, o que contribui para a felicidade de seu próximo e o que não contribui – e de o punir por se entregar a qualquer ação que não contribua para a sua felicidade, é uma idéia que ninguém jamais teve o despudor ou a loucura de afirmar. Só os que afirmam que um governo possui direitos de coerção legítima, *que qualquer indivíduo, ou grupo de indivíduos jamais teve ou tivesse tido,* possa, ou tivesse podido, delegar-lhe, afirmam que o governo tem o legítimo direito de punir os vícios.

Conviria a um papa ou a um rei – afirmando ter recebido do Paraíso a autoridade direta de reinar sobre os outros – reclamar, na qualidade de representante de Deus, o direito, de punir os homens pelos seus vícios; mas é um completo e total absurdo que qualquer governo proclame deter o seu poder por vontade daqueles que governa, porque todos sabem que os governados nunca lhe concederiam semelhante direito. Se o fizessem seria um absurdo, pois equivaleria a delegar ao governo os seus próprios direitos à procura da sua própria felicidade, uma vez que delegar os seus direitos de julgarem o que será propício à sua felicidade é delegar a totalidade do seu direito à procura da própria felicidade.

XIII

Vemos agora a que ponto a punição dos *crimes* é uma coisa simples, fácil e razoável para um governo, em contraste com o que se passa com a punição dos *vícios*. Os *crimes* existem em pequena quantidade e facilmente discerníveis de todos os demais atos. E os homens estão geralmente de acordo no tocante à determinação dos atos que são crimes. Os vícios, por sua vez, são inumeráveis; e não há duas pessoas que tenham a mesma opinião, exceto em alguns casos raros, sobre a definição dos vícios.

Além disso, todo mundo *deseja* estar protegido, na sua pessoa e nos seus bens, contra as agressões dos outros homens. Mas ninguém deseja ser protegido, na sua pessoa e nos seus bens, contra si próprio, porque é contrário às leis fundamentais da própria natureza do homem que este queira fazer-se mal. O que o homem quer é promover a sua própria felicidade, e ser o seu próprio juiz quanto à determinação do que trará, e realmente, promoverá a sua própria felicidade. Isso é o que todo mundo quer e tem direito enquanto ser humano. Embora todos nós cometamos numerosos erros, e o façamos dada a imperfeição do nosso conheci-mento, eles não podem ser legalmente sancionados; porque todos podem trazer-nos o conhecimento de que precisamos, que procuramos e que não podemos alcançar de nenhuma outra maneira.

Portanto, o que é visado na punição dos *crimes* não é só completamente diferente do que é visado pela punição dos *vícios* mas também lhe é diretamente oposto.

O que é visado pela punição dos *crimes* é garantir para todo e qualquer homem da mesma maneira, a liberdade mais completa que o indivíduo possa esperar – sem infringir os direitos equivalentes dos outros – de procurar a sua própria felicidade, seguindo os conselhos do seu próprio juízo e usando dos seus próprios bens. Por outro lado, o que é visado pela punição dos *vícios é privar* o homem do seu direito e da sua liberdade naturais de buscar a sua própria felicidade, aconselhado pelo seu próprio juízo e usando os seus próprios bens.

Assim, as duas coisas opõem-se diretamente uma à outra, como a luz e a treva, ou a verdade e a mentira, ou a liberdade e a escravidão. São totalmente incompatíveis uma com a outra. E querer supor que as duas sejam unidas num mesmo governo é um absurdo, uma impossibilidade. Equivale a supor que o governo procure cometer crimes e impedi-los; destruir a liberdade individual e garanti-la.

XIV

Um último ponto a respeito da liberdade individual: cada homem *deve necessariamente julgar* e determinar por si próprio o que conduz ao seu próprio bem-estar, o que lhe é necessário e o que lhe é prejudicial, uma vez que se se esquecer de cumprir ele mesmo essa tarefa, ninguém o fará em seu lugar. E ninguém mais, com algumas raríssimas exceções, tentará sequer cumpri-la em seu lugar. Os papas, os padres e os reis assumirão o encargo de o fazer cumprir, em certos casos e se a tal forem autorizados. Mas só o farão, em geral, na medida em que lhes for dado continuar a entregarem-se aos seus próprios vícios e crimes. Só o farão, em geral, na medida em que a pessoa se preste a ser lograda por eles ou a ser sua escrava. Os pais, com melhores motivos, decerto, que os restantes, tentam vezes sem conta fazer a mesma coisa. Mas na medida em que utilizam a coerção, ou impedem uma criança de qualquer atividade que não seja real e seriamente perigosa para ela, lhe farão mais mal do que bem. É uma lei da Natureza que, para adquirir o conhecimento, e integrá-lo ao seu próprio ser, cada indivíduo deve adquiri-lo por si próprio. Ninguém, nem sequer seus pais, pode explicar-lhe a natureza do fogo de tal modo que ele a conheça. Ele mesmo terá de experimentar por si próprio, *queimar-se com o fogo,* antes de o poder conhecer.

A Natureza sabe, mil vezes melhor que qualquer pai ou mãe, aquilo a que destina cada indivíduo, de que conhecimentos ele tem necessidade e como deverá obtê-los. Sabe que os procedimentos que utiliza para comunicar tais conhecimentos são não apenas os melhores, mas também os únicos eficazes.

As tentativas dos pais, que tentam tornar os seus filhos virtuosos, não constituem em geral senão tentativas de os manter na ignorância do vício. São apenas tentativas de ensinar os filhos a conhecerem e a preferirem a verdade, mantendo-os na ignorância da mentira. Apenas tentativas de fazê-los desejarem e apreciarem a saúde, mantendo-os na ignorância da doença, e de tudo o que pode causá-la. Apenas tentativas de fazer com que os seus filhos adorem a luz, mantendo-os na ignorância da treva. Em suma, apenas tentativas de tornar os filhos felizes, mantendo-os na ignorância de tudo o que os torna infelizes. Na medida em que os pais podem realmente ajudar seus filhos na busca da felicidade, apresentando-lhes simplesmente os resultados (deles, pais) dos seus próprios raciocínios e experiências, tudo está muito bem, e corresponde a um dever natural e apropriado. Mas praticar a coerção em domínios em que as crianças são razoavelmente competentes para julgar por si próprias não passa de uma tentativa de as manter na ignorância. E isso é tanto uma tirania, tanto uma violação do direito das crianças de adquirirem o conhecimento, e o conhecimento que desejem, por si próprias, como a mesma coerção praticada sobre pessoas mais velhas. Semelhante coerção, exercida sobre as crianças, é uma negação do seu direito de desenvolverem os dons com que a Natureza as dotou e a serem aquilo que a Natureza as destina a ser. E uma negação do seu direito a disporem de si próprias e a utilizarem as suas próprias faculdades. É uma negação do seu direito de adquirirem o mais precioso dos conhecimentos, a saber, o conhecimento que a Natureza, esse professor magnífico, está disposta a partilhar com elas.

Tal coerção não torna as crianças sábias ou virtuosas, mas sim, ignorantes e, consequentemente, fracas e viciosas; o que perpetua, através delas, de geração em geração, a ignorância, as superstições, os vícios e os crimes dos pais. Isto pode ser provado por cada uma das páginas da história do mundo.

Os indivíduos que professam a opinião contrária são aqueles a quem teologias falsas e degeneradas, ou idéias pessoais geralmente degradadas, ensinaram que a espécie humana se entrega naturalmente mais ao mal que ao bem; mais à mentira que à verdade; que não é natural para a humanidade virar-se para a luz; que os seres humanos preferem a treva à claridade; e que só descobrem a sua felicidade nas coisas que levam à sua infelicidade.

XV

Mas esses homens, que proclamam que o governo deveria utilizar o seu poder para impedir o vício, dirão, ou têm o costume de dizer: "Reconhecemos o direito de um indivíduo de procurar a sua própria felicidade da maneira que mais lhe agradar e, consequentemente, de ser tão vicioso quanto quiser; apenas declaramos que o governo proibirá a venda dos artigos por meio dos quais o indivíduo alimenta o seu vício."

A isto pode responder-se que a simples venda de qualquer artigo que seja – independentemente da utilização que dele será feita – é, de um ponto de vista legal, um ato perfeitamente inocente. A qualidade do ato de vender depende por inteiro da qualidade da utilização em vista da qual a coisa é vendida. Se a utilização de qualquer coisa que seja for virtuosa e legal, então a sua venda, será virtuosa e legal. Se a utilização for viciosa, então a sua venda, *em vista desse uso,* também será. Se a utilização for criminosa, então a sua venda, *em vista desse uso, será* criminosa também. O vendedor é, no pior dos casos, apenas um cúmplice da utilização dada ao artigo vendido, seja essa utilização virtuosa, viciosa ou criminosa. Quando a utilização é criminosa, o vendedor é um cúmplice do crime, e pode ser punido enquanto tal. Mas quando a utilização é apenas ligada ao vício, o vendedor é apenas cúmplice do vício, e não pode ser punido.

XVI

É possível, no entanto, perguntar: "O governo não tem qualquer direito de impedir certos indivíduos de continuarem a avançar no caminho da autodestruição?"

A resposta é que o governo não tem qualquer direito nesse domínio, enquanto as pessoas pretensamente viciadas permanecerem mentalmente sãs, *compos mentis,* capazes de manifestarem um discernimento e uma contensão razoáveis; porque, enquanto permanecerem sãs de espírito, devem continuar habilitadas a julgar e a decidir por si próprias se os seus pretensos vícios o são realmente; se realmente levam à destruição e se, de modo geral, acabarão por destruí-las. Se os indivíduos enlouquecerem, *non compos mentis,* e se tornarem incapazes de discernimento e contensão razoáveis, os seus amigos ou vizinhos, ou ainda o governo, deverão ocupar-se delas, e protegê-los do perigo, bem como contra todas as pessoas que lhes possam fazer mal, do mesmo modo como se a sua loucura tivesse sido causada por qualquer outra coisa que não os seus supostos vícios.

O fato de os vizinhos de um homem suspeitarem de que este se encontra a caminho da autodestruição por causa dos seus vícios não significa que esse homem seja louco, *non compos mentis,* incapaz de um discernimento e de uma contensão razoáveis, nos limites do sentido legal de tais palavras. Há homens e mulheres que podem entregar-se a muitos vícios grosseiros – tais como a gula, a embriaguez, a prostituição, o jogo, o boxe, o tabaco de mascar, o fumo ou o rapé, o consumo de ópio, o uso de espartilhos, a ociosidade, a dilapidação de bens, a avareza, a hipocrisia etc. –, permanecendo sãos de espírito, *compos mentis,* capazes de um discernimento e de uma contensão razoáveis, nos limites do que a lei prevê. E enquanto se mantiverem sãos de espírito, devem continuar habilitados a dispor de si próprios e a dispor dos seus bens, e a serem os seus próprios juizes no que toca à determinação dos resultados dos seus vícios. Os observadores poderiam esperar, em cada caso individual, que o viciado visse para que fim se dirige e fosse levado a mudar de caminho. Mas se essa pessoa escolher continuar a dirigir-se para aquilo a que outros homens chamam a *autodestruição,* deve ser-lhe permitido fazê-lo. E tudo o que se poderá dizer a esse respeito é que, no que se refere à sua vida, a pessoa em causa cometeu grandes erros enquanto procurava a felicidade e que os outros fariam bem em considerar o seu destino como um aviso. Quanto a saber o que será o seu destino numa outra vida, trata-se de uma questão teológica com a qual a lei deste mundo nada tem que ver, como nada tem que ver com qualquer outra questão teológica tocante à condição dos homens numa vida futura.

Se a questão levantada é: como saber se um viciado é mentalmente são ou louco? – a resposta é que isso deve ser determinado pelos mesmos tipos de evidências que são usadas para demonstrar a razão ou a loucura dos chamados virtuosos, e só por meio dessa espécie de provas. Ou seja, as provas como essas por meio das quais os tribunais determinam se um homem deve ser enviado para um asilo de loucos ou se tem a capacidade de fazer um testamento ou de dispor, de qualquer outro modo, dos seus bens. A menor dúvida deverá pesar em favor da sua razão, como em todos os outros casos, e não em favor da sua loucura.

Se uma pessoa se tornar realmente louca, *non compos mentis,* incapaz de um discernimento e de uma contensão razoáveis, constituirá então um crime, da parte dos outros homens, darem-lhe ou venderem-lhe meios com que ela possa fazer-se mal.[2] Não há crimes mais fáceis de punir, não há casos em que os jurados estejam mais dispostos a apresentar um veredito de culpa, que aqueles em

---

[2] Dar a um demente uma faca, ou qualquer outra arma ou coisa com a qual ele possa ferir-se, constitui um crime.

que uma pessoa sã de espírito vendesse ou desse a um demente qualquer produto com que este último pudesse fazer-se mal.

XVII

Todavia, seria possível dizer, que, devido a seus vícios, certos homens se tornam perigosos para outras pessoas. Que um bêbado, por exemplo, é por vezes agressivo e perigoso para a sua família, ou para outras pessoas. Pergunta-se: "Então a lei nada poderá fazer em semelhantes casos?" A resposta é: se, por ter bebido ou por qualquer outra razão, um homem se revelar realmente perigoso, para a sua família ou para outras pessoas, não somente poderá ser legalmente reprimido, na medida em que isso for necessário para a segurança de outras pessoas, como todos os demais – que saibam ou tenham sérias razões para saber que ele é perigoso – poderão, por seu turno, ser impedidos de lhe vender ou dar o que quer que seja que, aos seus olhos, pareça susceptível de o tornar perigoso.

Mas o fato de um homem se tornar agressivo e perigoso depois de ter ingerido bebidas alcoólicas, e de constituir um crime dar ou vender álcool a alguém como ele, não implica de maneira alguma que seja um crime vender álcool às centenas e aos milhares de outros homens que a bebida não torna agressivos ou perigosos. Antes de um comerciante ser condenado pelo crime de ter vendido álcool a um homem perigoso, deve ser provado que o homem em questão, ou seja, aquele a quem o álcool foi vendido, era perigoso, e também que o vendedor sabia, ou tinha boas razões para crer, que o homem se tornaria perigoso por efeito da bebida.

Em todos os casos, a presunção da lei é, que a venda é inocente, e o ônus da prova da intenção criminosa, seja qual for o caso em apreço, cabe ao governo. E *a intenção criminosa no caso específico deve ser provada, independentemente de todos os outros casos.*

Obedecendo a esses princípios, não há qualquer dificuldade em reconhecer como culpados e em punir aqueles que vendem ou oferecem a um homem um artigo que, qualquer que seja ele, possa ser usado de modo perigoso para os outros, pela pessoa em questão.

XVIII

Muitas vezes , entretanto, diz-se que certos vícios causam transtornos (públicos ou privados), que devem ser abolidos e, os seus autores, punidos.

É verdade que tudo aquilo que representa real e legalmente um aborrecimento (público ou privado) deve ser combatido e condenado. Mas não é verdade que os vícios privados de um homem sejam, no sentido legal, transtornos para outro homem ou para o público.

Nenhum ato cometido por uma pessoa pode aborrecer alguém, a menos que impeça ou interfira com o uso ou o gozo normal e tranqüilo que essa outra pessoa detém daquilo que por direito lhe pertence.

Tudo o que veda uma grande via pública representa um incômodo e pode ser eliminado e dar lugar à correspondente punição. Mas um hotel onde se vende álcool, uma loja de bebidas alcoólicas ou até mesmo um botequim, como costuma dizer-se, não vedam uma grande via pública mais que o fazem uma mercearia, uma joalheria ou um açougue.

Tudo o que envenena o ar, ou o torna desagradável ou doentio, é danoso. Mas nem um hotel, nem uma loja de bebidas alcoólicas, nem um botequim envenenam o ar ou o tornam desagradável ou doentio para as pessoas que se encontram no exterior.

Tudo o que obstrui a luz, à qual cada homem tem legalmente direito, é um transtorno. Mas nem um hotel, nem uma loja de bebidas alcoólicas nem um botequim obstruem a luz seja de quem for, exceto em casos onde uma igreja, uma escola ou uma residência, o teriam feito. Portanto, os primeiros não incomodam nem mais nem menos que as segundas.

Certas pessoas dizem muitas vezes que uma loja de bebidas alcoólicas representa um perigo, do mesmo modo que a pólvora para espingarda representa um perigo também. Mas não há qualquer analogia entre as duas coisas. A pólvora é suscetível de explodir por acidente, sobretudo por ocasião de incêndios, sendo estes muito freqüentes nas grandes cidades. Assim, é perigosa para as pessoas e para os bens que se encontrem nas imediações. Mas as bebidas alcoólicas não são suscetíveis de explodir do mesmo modo, e portanto não representam perigo de dano, como a pólvora para espingarda representa nas cidades.

Mas diz-se também que os locais de consumo de bebida são freqüentados por homens ruidosos e arruaceiros, que perturbam a tranqüilidade do bairro, ou o sono e o repouso dos que moram nas imediações.

Isso pode ser verdade em alguns casos, mas não com grande freqüência. E se acontecer, pode interromper-se a causa do incômodo a qualquer momento, punindo-se o proprietário e os clientes, ou, se necessário, fechando o estabelecimento. Mas um grupo de consumidores de álcool ruidosos não representa um aborrecimento maior que qualquer outro grupo ruidoso. Um bebedor alegre ou brincalhão não perturba, nem mais nem menos, a tranqüilidade de um bairro, que um fanático religioso que se exprima aos berros. Um grupo de bebedores ruidosos não constitui, transtorno maior que uma assembléia de fanáticos religiosos aos berros. Ambos representam incômodos, quando perturbam o repouso e o sono, ou a tranqüilidade, dos que moram nas imediações. Para não irmos mais longe, também o é um cão que ladra demais, ao perturbar o sono ou a tranqüilidade da vizinhança.

XIX

Diz-se, no entanto, que uma pessoa que arrasta outra para certo vício comete um crime.

Que absurdo! Se um ato específico for simplesmente um vício, então um homem que incita outro a cometê-lo é simplesmente um cúmplice do *vício*. Segundo toda a evidência, não comete um *crime,* porque a ofensa do cúmplice não pode decerto ser mais grave que a do responsável.

Presume-se que qualquer pessoa mentalmente sã, *compos mentis,* dotada de discernimento e auto-controle razoáveis, se encontra mentalmente habilitada para ajuizar por si própria de todos os argumentos, *pró e contra,* que lhe possam ser apresentados com o fito de a persuadir a executar não importa que ato específico – *na condição de não se usar de fraude de modo a enganá-la.* E se essa pessoa for persuadida ou incitada a cometer o ato, ele é executado pela sua própria vontade e ainda que o ato se revele ser-lhe prejudicial, a pessoa em causa não pode acusar a persuasão ou os argumentos a que cedeu de serem crimes cometidos contra ela.

Quando há fraude, as coisas passam, bem entendido, a ser diferentes. Se, por exemplo, eu oferecer veneno a um homem, garantindo-lhe que se trata de uma bebida inofensiva e boa para a saúde, e se o homem, acreditando na minha declaração, o ingerir, o meu ato será um crime.

Volenti non fit injuria é uma máxima jurídica. *A quem consente não é feito dano.* Ou seja, *dano legal.* E qualquer pessoa mentalmente sã, *compos mentis,* capaz de exercer um discernimento razoável no juízo da verdade ou da mentira das representações ou da persuasão a que cede, "consente", pelo menos aos olhos da lei; cabe-lhe a inteira responsabilidade dos seus atos, a partir do momento em que não tenha sido vítima de fraude intencional.

Este princípio – *a quem consente não é feito dano* não conhece limites, excetuados os casos de fraude ou os de pessoas que não possuam um discernimento razoável no juízo da matéria em questão. Se uma pessoa possuidora de um discernimento razoável e que não tenha sido enganada por meio de uma fraude consente em entregar-se ao vício mais infame e se infligir, ao fazê-lo, as mais terríveis perdas morais, físicas ou econômicas, não poderá declarar-se *legalmente* defraudada. A título de ilustração do princípio, tomemos o caso do estupro. Ter relações sexuais com uma mulher, *contra a sua vontade,* depois do assassinato é o pior crime que se possa cometer contra ela. Mas o ato sexual com uma mulher, *com o seu consentimento,* não é um crime. Quando muito, corresponderá a um vício. E a opinião geral é que uma criança do sexo feminino, a partir da idade de *dez* anos, possui um discernimento tão razoável que o seu consentimento, ainda que conquistado pelo oferecimento de recompensas, ou de promessas de recompensa, basta para tornar o ato, que seria, de outro modo, um crime da pior espécie, num simples ato de vício.[3]

Vemos o mesmo princípio no caso dos pugilistas. Se eu encostar um dedo em outra pessoa, *contra a sua vontade,* não importa o quanto tenha sido leve o toque e mesmo que nenhum ferimento lhe tenha sido causado, esse ato constitui um crime. Mas se dois homens *estiverem de acordo* para se espancarem mutuamente até ficarem com os rostos transformados numa papa, não haverá crime, mas apenas vício.

Os próprios duelos não são geralmente considerados crimes, porque a vida de cada homem lhe pertence e porque as partes *concordam* em que

---

[3] O código das leis do Massachusetts estatui que, com a idade de dez anos, uma criança do sexo feminino deve ser considerada como dotada do discernimento suficiente para se desembaraçar da sua virgindade. Mas o mesmo código estatui que pessoa alguma, homem ou mulher, seja qual for a sua idade ou o seu nível de prudência e de experiência, possui discernimento suficiente para que lhe possam ser confiados a compra e o governo pessoais de um copo de álcool, de acordo com o seu livre juízo! Que magnífico exemplo da sabedoria legislativa do Massachusetts!

cada uma das duas possa tomar a vida da outra, se o conseguir por meio das armas escolhidas e segundo certas regras também mutuamente aprovadas.

Tal é, com efeito, a maneira correta de ver as coisas, a menos que se possa dizer (embora provavelmente não se possa) que "a cólera é uma loucura" que faz com que os homens percam a razão a ponto de se tomarem incapazes de discernimento razoável.

O jogo é outra ilustração do princípio de que a quem consente não é feito dano. Se eu tirar um único centavo de um homem, *sem o seu consentimento,* este ato será um crime. Mas se dois homens, que são *compos mentis,* possuidores de um discernimento razoável e que lhes permita ajuizar da natureza e dos resultados prováveis dos seus atos, se sentarem diante um do outro, e se cada um deles apostar de livre-vontade o seu dinheiro contra o dinheiro do outro num lance de dados, resultando que um dos jogadores perca assim a totalidade dos seus bens (seja qual for o montante destes), não estaremos diante de um crime, mas apenas de um vício.

Tampouco é um crime ajudar outra pessoa a suicidar-se, contanto que ela esteja na posse perfeita das suas faculdades mentais.

Encontra-se bastante difundida a idéia de que o suicídio é, por si só, uma prova irrefutável de loucura. Mas, ainda que habitualmente o suicídio possa representar uma sólida prova de loucura, não é, de maneira alguma, conclusivo em todos os casos. Houve numerosas pessoas, indubitavelmente na plena posse das suas faculdades mentais, que se suicidaram, para escapar à vergonha de verem o seu crime revelado ao público ou para evitar qualquer outra calamidade terrível. Nesses casos, talvez o suicídio não tenha sido uma demonstração de extraordinária sabedoria, mas também não foi decerto a prova de um falta de discernimento razoável[4]. E, para permanecermos dentro dos limites do discernimento razoável, não houve crime da parte das pessoas que ajudaram o suicida, quer fornecendo-lhe o instrumento necessário, ou de outra maneira. Se, em tais casos, ajudar um suicida não é um crime, como é absurdo dizer que ajudar alguém a cometer um ato que lhe proporciona prazer, e que tem sido considerado útil por uma vasta fração da humanidade é um crime!

---

[4] Catão de Utica suicidou-se para não cair nas mãos de César. Nunca ninguém suspeitou que fosse louco. Brutus fez o mesmo. Colt suicidou-se uma hora antes do enforcamento que o esperava. Fê-lo para evitar ao seu nome e à sua família a vergonha da execução. Sabedoria ou não, foi um ato claramente marcado por um discernimento razoável. E haverá alguém que considere que a pessoa que lhe forneceu o instrumento necessário ao suicídio cometeu um crime?

XX

Certas pessoas, contudo, costumam dizer que o consumo de álcool é *a* grande origem do crime; que "é ele que enche as nossas prisões de criminosos", e que isso é uma razão suficiente para que a sua venda seja proibida.

Se os que dizem essas coisas falam a sério é porque argumentam cega e tolamente. O que aparentemente tentam explicar é que uma percentagem muito importante de todos os crimes cometidos entre os homens, são praticados por pessoas cujas paixões criminosas são exacerbadas, em *certo momento,* pelo consumo de álcool e em conseqüência do seu consumo.

Trata-se de uma idéia completamente absurda.

Em primeiro lugar, os grandes crimes cometidos no mundo são, na sua maioria, motivados pela avareza e pela ambição.

Os maiores de todos os crimes são as guerras a que os governos se entregam, pilhando, subjugando e destruindo a humanidade.

Depois destes, os maiores crimes são igualmente motivados pela avareza e pela ambição; e são cometido não por paixão súbita, mas por homens calculistas, com a cabeça fria e clara, e que não têm a mínima intenção de ser presos pelos seus atos. São cometido menos por homens que *violam* as leis, mas por homens que, sozinhos ou com a ajuda dos seus agentes, *fazem* as leis. Por homens que conspiraram em vista da usurpação de um poder arbitrário, e da sua conservação pela força e pela fraude, homens cujo fim é a usurpação do poder e a sua conservação por meio de uma legislação injusta e desigual, garantindo-se desse modo vantagens e monopólios que lhes permitam dominar e pilhar o trabalho e os bens de outros homens empobrecendo-os em benefício da riqueza e da afirmação dos seus interesses próprios.[5] Os roubos e malfeitorias cometidos por *estes* homens, *de acordo com as leis* – quer dizer, com suas *próprias leis* – são como montanhas ao pé de formigueiros, quando comparados com os crimes cometidos por todos os outros criminosos, em *violação* das leis.

---

[5] Encontramos uma ilustração desse fato na Inglaterra, cujo governo, há mais de mil anos nunca foi senão um bando de ladrões conspirando em vista de conseguir o monopólio da terra e, na medida do possível, todas as outras riquezas. Esses conspiradores, que se fazem chamar reis, nobres, grande proprietários, detiveram nas suas mãos, por meio da força e da fraude, todo o poder civil e militar; mantêm-se no poder através da força e da fraude exclusivamente, bem como pelo uso corrompido das suas riquezas; e servem-se dos seus poderes, apenas para enganar e subjugar a maior parte do seu próprio povo, bem como para saquear e subjugar outros povos. O mundo sempre esteve e continua a estar cheio de exemplos mais ou menos comparáveis. Por outro lado, sod esse aspecto, os governos do nosso próprio país diferem menos dos restantes, do que alguns de nós se atrevem a imaginar.

Em terceiro lugar, existe um grande número de fraudes de toda espécie cometidas por ocasião das transações comerciais, e cujos protagonistas, servindo-se do seu sangue-frio e da sua astúcia, evitam o confronto com as leis. E só uma cabeça fria e um espírito claro lhes tornam possível fazê-lo. Os homens sob a influência de bebidas causadoras de embriaguez são muito menos capazes de sucesso que os anteriores neste tipo de fraude. De fato, são os mais imprudentes, os menos felizes nas suas iniciativas, os menos eficazes de todos os criminosos que se medem com a lei e, por fim, aqueles de quem menos temos a recear.

Quarto ponto. Os assaltantes, ladrões, falsários e escroques que lesam a sociedade são tudo, menos beberrões inveterados. As suas atividades pertencem a um ramo demasiado perigoso para tolerar os riscos que a embriaguez acarretaria.

Quinto ponto. Os crimes que podemos afirmar terem sido cometidos sob a influência de bebidas alcoólicas reduzem-se, na sua maior parte, a brigas, pouco numerosas e, em geral, não muito graves. Alguns outros crimes menores, como o roubo de mercadorias em exposição e outros atentados menores às propriedades dos outros, são por vezes cometidos sob a influência do álcool por pessoas de espírito simples, pouco acostumadas ao crime em geral. Os homens que cometem esses crimes menores são pouco numerosos. Ninguém pode dizer que são eles que "enchem as nossas prisões"; e, se tal fosse o caso, teríamos de nos felicitar por precisarmos de tão poucas e pequenas prisões, como as que bastariam para os deter.

O Estado de Massachusetts, por exemplo, conta com um milhão e meio de habitantes. Quantos desses últimos se encontram hoje na prisão por *crimes* – não pelo vício de se terem embriagado, mas por *crimes* – cometidos contra pessoas ou bens sob a influência de uma bebida forte? Suspeito que haja um em dez mil, ou seja, cento e cinqüenta ao todo, acrescendo o fato de os crimes devido aos quais foram presos serem, na sua maior parte, de gravidade mínima.

E penso que se descobriria que esses poucos homens merecem, de modo geral, mais a nossa piedade que uma punição, pois terá sido a sua pobreza e depressão, mais que a paixão pelo álcool ou crime, a impeli-los a beber e, assim, a incitá-los a cometer um crime sob os efeitos da bebida.

A vasta acusação segundo a qual o álcool "enche as nossas prisões de criminosos" é unicamente formulada, segundo penso, por homens que nada de melhor sabem fazer que chamar um bêbado de criminoso; e semelhante acusação fundamenta-se apenas no fato vergonhoso de sermos um povo tão brutal e tão pouco razoável que condena e pune os seres fracos e desafortunados que os bêbados são, como se fossem criminosos.

Os legisladores que autorizam e os juízes que praticam essas atrocidades são intrinsecamente criminosos. A menos que a sua ignorância seja tanta – mas provavelmente não o é – que lhes possa servir de desculpa. O nosso comportamento teria mais sentido se fossem, com efeito, eles a ter de ser punidos como criminosos.

Um juiz de Boston disse-me um dia que costumava desembaraçar-se dos bêbados (que mandava para a prisão por trinta dias – creio que era essa a pena habitual) ao *ritmo de um a cada três minutos* e, às vezes, mais rapidamente ainda, condenando-os como criminosos e encarcerando-os, sem piedade e sem atender às circunstâncias, por motivo de uma doença que, antes, deveria ter direito à compaixão e proteção. Neste exemplo, os verdadeiros criminosos não eram os homens condenados à prisão, mas o juiz e os homens às ordens do juiz que os prendiam.

Recomendo a essas pessoas que se sentem infelizes com a idéia de que as prisões de Massachussetts estão abarrotadas de criminosos, que empreguem pelo menos uma pequena parte da sua filantropia tentando impedir que as nossas prisões se encham de pessoas que *não* são criminosas. Mas nunca ouvi dizer que a sua solidariedade se orientasse em tal direção. Pelo contrário, parecem ter uma tal paixão pela punição de criminosos que não se dão ao trabalho de averiguar se os candidatos à punição são ou não, e de fato, criminosos. Tal paixão é muito mais perigosa, posso garanti-lo, e merece muito menos indulgência tanto moral como legal, que a paixão pelo álcool.

Parece convir muito melhor ao caráter desapiedado destes homens condenar um infeliz à prisão por embriaguez, e assim o esmagar, degradar, desencorajar e arruiná-lo para toda a vida, que arrancá-lo da pobreza e depressão que o transformaram em um bêbado.

Só as pessoas que têm pouca capacidade e disposição para esclarecer, encorajar ou ajudar a humanidade, se tornam presas desta paixão violenta de os governar, submeter e punir. Se, em vez de permanecerem inativas, e de darem a sua concordância e apoio a todas as leis por meio das quais o homem fraco começa por ser desapossado, oprimido e desencorajado, para ser a seguir punido enquanto criminoso, se consagrassem mais aos deveres de defender os direitos desse homem e de melhorar a sua condição, a fim de fazer dele um ser mais forte, mais capaz de caminhar pelos seus próprios pés e de resistir às tentações que o rodeiam, penso que deixariam de se preocupar com os seus discursos sobre leis e prisões que punam os vendedores ou os consumidores de rum, ou até mesmo qualquer outra categoria de criminosos comuns. Se, em resumo, esses homens, tão ansiosos pela supressão do crime, interrompessem, por algum tempo, os seus apelos à intervenção do governo em vista da supressão dos crimes dos indivíduos, e incitassem o povo a ajudá-los a suprimir os crimes do governo, demonstrariam o seu bom senso e a sua sinceridade de maneira muito mais convincente. Quando as leis forem, no seu conjunto, tão justas e equitativas, que se torne possível a todos os homens e mulheres viver honesta e virtuosamente e obter conforto e felicidade, haverá muito menos ocasiões do que hoje que possam ser invocadas para os acusar de uma forma de vida desonesta e degradada.

XXI

Porém, ainda há quem diga que o consumo de bebidas alcoólicas conduz à pobreza e torna assim os homens miseráveis, convertendo-os numa carga para os contribuintes, o que constitui razão suficiente para a proibição da venda de tais bebidas.

Existem diferentes respostas para esse argumento.

1. Uma é: se o fato de o consumo de álcool levar à pobreza e à miséria for uma razão suficiente para a proibição da sua *venda,* será também razão suficiente para a proibição do seu consumo; porque é o *consumo,* e não a *venda,* que leva à pobreza. O vendedor é, quando muito, apenas um cúmplice do consumidor. E é uma regra, tanto do direito como da razão, a que faz com que se o responsável por um ato não for passível de condenação, o cúmplice também não possa sê-lo.

2. Uma segunda resposta ao argumento é que se o governo tem o direito, e estiver obrigado a proibir qualquer ato específico – *não criminoso* –

em virtude da simples consideração de que ele conduz à pobreza, então, de acordo com a mesma regra, terá o direito, e ficará obrigado a proibir qualquer outro ato – *ainda que não criminoso* – que, no entender do governo, possa levar à pobreza. E, segundo o mesmo princípio, o governo terá não só o direito, mas a *obrigação* de se imiscuir nos assuntos privados de cada indivíduo e nas despesas pessoais de cada um, determinando quais dentre estas últimas levam de fato, ou não levam, à pobreza, e devendo proibir e punir todas as despesas da primeira categoria. Um homem deixará de ter o direito de gastar um centavo sequer, segundo o seu próprio prazer ou juízo, a menos que o parlamento considere que essa despesa não vá conduzi-lo à pobreza.

3. Uma terceira resposta ao mesmo argumento é que se um homem, com efeito, conduz a si próprio à pobreza ou até mesmo à mendicância – *quer pelas suas virtudes, quer pelos seus vícios* –, *o* governo não tem a menor obrigação de cuidar dele, exceto se assim o entender. Pode deixá-lo morrer na rua, ou depender da caridade privada, se assim o entender. Pode basear-se livremente, nesse domínio, na sua vontade e no seu discernimento, pois está acima de todas as responsabilidades legais em casos seme-lhantes. Ocupar-se dos pobres não constitui uma parte *necessária* dos deveres de um governo. Um governo – um governo legítimo, entenda-se –

não é mais que uma associação voluntária de indivíduos, que se unem em função dos propósitos, *e só dos propósitos,* que lhes convêm. Se cuidar dos pobres – sejam estes últimos virtuosos ou viciados – *não é* um dos seus fins, então o governo, *na sua qualidade de governo,* não tem mais direito, nem obrigação, de se ocupar deles, que um banco, ou uma companhia ferroviária.

Pouco importa que a *moral* pretenda que um homem pobre – virtuoso ou viciado – tenha direito à caridade dos seus concidadãos. Legalmente, o primeiro nada pode reclamar dos segundos. Dependerá inteiramente da caridade que eles bem entenderem adotar em relação a si. Não pode *exigir,* como um direito *legal,* que os demais o alimentem ou vistam. E, do mesmo modo, não pode sustentar *legal* ou *moralmente,* frente a um governo – que não é mais que uma associação de indivíduos –, as reivindicações que não pode sustentar frente aos mesmos ou quaisquer outros indivíduos, considerados enquanto simples particulares.

Na medida em que, portanto, um homem pobre – virtuoso ou viciado – não pode sustentar, frente a um governo ou aos particulares, reivindicações, legais ou morais, em matéria de alimentação e vestuário, o governo não tem o direito, como não o tem qualquer outra pessoa, de controlar ou proibir as despesas ou ações de um indivíduo, a pretexto de que elas poderão conduzi-lo à pobreza.

O Sr. A, *enquanto indivíduo,* não tem, evidentemente, qualquer direito de proibir o menor ato ou despesa do Sr. Z, por recear que tais atos ou despesas possam levá-lo (a Z) à pobreza, e que Z possa, consequentemente, num momento futuro e desconhecido, do fundo da sua miséria, apelar para a caridade de A. E se A não tem qualquer direito, *enquanto indivíduo, de* proibir o menor ato ou despesa de Z, então o governo, que não é mais que uma associação de indivíduos, também não pode ter esse direito.

Decerto nenhum homem, que seja *compos mentis,* considera o seu direito a dispor e gozar dos seus próprios bens como tendo tão pouco valor que admita que, qualquer dos seus próximos ou o conjunto de todos, fique autorizado – sob o nome de governo ou não – a intervir na sua vida e a proibir-lhe todas as despesas, exceto as consideradas pelos próximos como talvez *não* suscetíveis de o conduzirem à pobreza e de o levarem, desse modo, a recorrer à caridade dos demais.

Se um homem, que seja *compos mentis,* se vir reduzido à pobreza, pelas suas virtudes ou pelos seus vícios, nenhum outro homem, ou grupo de homens, poderá ter o direito de intervir na sua vida pelo simples fato de crer que a sua solida-riedade pelo primeiro possa um dia vir a ser solicitada por este, porque se tal vier a ser solicitada, os interpelados terão todo o direito de agir como melhor entenderem e segundo o seu discernimento, perante os pedidos apresentados.

Esse direito de negar a caridade aos pobres – sejam estes últimos virtuosos ou viciados – é um direito de que os governos permanentemente se servem. Nenhum governo ajuda aos pobres mais do que bem entende ser o suficiente. Consequentemente, os pobres, são abandonados aos padecimentos da doença, e até mesmo da morte, porque nem a caridade pública, nem a privada acorrem em seu socorro. Torna-se, então, um absurdo atribuir ao governo o direito de controlar o uso que um homem faz dos seus próprios bens, a fim de evitar que ele venha a cair na pobreza e a solicitar a caridade dos demais.

4. Uma quarta resposta ao argumento é que a grande e única motivação que faz cada indivíduo trabalhar e criar riqueza é a de poder depois dispor dela segundo bem entender ou lhe agradar, em proveito da sua própria felicidade e da felicidade daqueles que ama.[6] Embora um homem possa muitas vezes, por falta de experiência ou de reflexão, gastar uma porção dos frutos do seu trabalho de maneira

---

[6] É a essa motivação, e só a ela, que devemos toda a riqueza criada pelo trabalho humano e, assim, acumulada em benefício do homem.

pouco responsável, de modo a não promover o seu bem maior, extrai sabedoria dessa experiência, como acontece em todos os outros domínios, pois a sabedoria aprende-se tanto com os erros como com os acertos. *Trata-se, de resto, da única maneira que temos de adquiri-la.* Uma vez persuadido de ter feito uma despesa idiota, o indivíduo decide não voltar a fazer outra similar. E deve ser autorizado a experimentar por si próprio, e tanto quanto o deseje, quer na matéria em apreço, como em todas as restantes, caso contrário, não terá a menor razão para trabalhar e criar riqueza.

Qualquer homem, que seja um verdadeiro homem, preferiria ser um selvagem, e ser livre, criando e obtendo unicamente a riqueza que pudesse controlar e consumir no dia-a-dia, a ser civilizado, que soubesse como criar e fosse acumular riquezas indefinidamente, mas não autorizado a servir-se ou a dispor delas, salvo sob a supervisão, a direção e as ordens de uma quantidade de imbecis e de tiranos, que com uma diligência exacerbada metessem o nariz em toda a parte, e que, sem possuírem mais conhecimentos que ele próprio, ou talvez nem metade dos que possui, insistissem em controlá-lo, por suporem que ele não teria nem o direito nem a capacidade suficientes para determinar por si próprio o que fazer com os frutos do seu trabalho.

5. Uma quinta resposta ao argumento é que se é dever do governo vigiar as despesas de qualquer pessoa particular – que seja *compos mentis* e não criminosa –, para ver quais conduzem à pobreza, e quais não, e para proibir e punir as primeiras, então, de acordo com a mesma regra, o governo terá a obrigação de vigiar as despesas de todas as outras pessoas e de proibir e punir todas as que, no seu entender, levem à pobreza. Se semelhante princípio fosse aplicado com imparcialidade, o resultado seria ficarem todos os membros da humanidade tão ocupados a vigiar as despesas uns dos outros, a denunciar, a processar e a punir os que se encaminhassem para a pobreza, que já não teriam tempo para criar a menor riqueza que fosse. Qualquer pessoa capaz de um trabalho produtivo estaria na prisão, ou desempenharia o papel de juiz, de jurado, de testemunha ou de carcereiro. Seria impossível criar um número de tribunais suficiente ou construir prisões em número suficiente para prender os infratores. Acabaria todo o trabalho produtivo; e os imbecis mais decididos a impedirem a pobreza não se contentariam assim com ser todos levados à pobreza, à prisão e à fome, mas levariam igualmente à pobreza, à prisão e à fome todos os demais.

6. Se se pretender que um homem deve, pelo menos, ser legalmente estimulado a prover às necessidades da sua família e, consequente-

mente, a abster-se de todas as despesas que, no entender do governo, tendem a impedi-lo de honrar esse dever, há diferentes respostas possíveis. Mas a seguinte parece bastar: nenhum homem, a menos que se trate de um imbecil ou de um escravo, reconhecerá que uma família é a sua família se esse reconhecimento se tornar um pretexto, invocado pelo governo, para o privar ou da sua liberdade pessoal ou da disposição dos seus bens.

Quando um homem vê ser-lhe concedida a sua liberdade natural e a disposição dos seus bens, a sua família é, habitual e quase universalmente, o objeto primeiro do seu orgulho e da sua afeição; e ele empregará não só de livre vontade, mas também por ser esse o seu maior prazer, as suas melhores faculdades mentais e físicas, para proporcionar à família não só a satisfação das necessidades e o conforto comum da existência, como ainda todos os luxos e elegâncias que o seu trabalho lhe possa fornecer.

Não há qualquer obrigação moral ou legal que vincule um homem a fazer seja o que for pela sua mulher e pelos seus filhos, salvo aquilo que possa fazer sem prejuízo da sua própria liberdade pessoal e do seu direito a dispor dos próprios bens como melhor entender.

Se um governo puder imiscuir-se e dizer a um homem – que seja *compos mentis,* e que esteja cumprindo o seu dever para com sua família, *segundo a sua concepção do dever,* e segundo o *seu* melhor julgamento, por imperfeito que este seja –: "**Nós** (o governo) suspeitamos que você não emprega o fruto do seu trabalho de acordo com melhor interesse da sua família; *nós* suspeitamos que as suas despesas e que a sua maneira de dispor dos seus bens não são judiciosas como poderiam ser, no interesse da sua família; e, por conseguinte, *nós* (o governo) vamos colocá-lo, bem como seus bens, sob a nossa vigilância particular e indicar o que você pode e não pode fazer de si próprio e dos seus bens; e a sua família se dirigirá doravante a *nós* (o governo), e não a você, para prover às suas necessidades" –, se um governo puder fazer tudo isto, todo o orgulho, toda a ambição e toda afeição de um homem no tocante à sua família se verão esmagados, tanto quanto for possível a uma tirania humana esmagá-los; e ou o homem nunca chegará a constituir uma família (que reconheça publicamente como sua), ou porá em jogo os seus bens e a sua vida esforçando-se por derrubar uma ditadura tão insultuosa, ultrajante e intolerável. E qualquer mulher que porventura desejar que o marido – sendo ele *compos mentis* – se submeta a insultos e a injustiças tão contrários à sua natureza não merecerá a menor afeição da sua parte, apenas sua repulsa e desprezo. E o marido a fará, provavelmente e bem depressa, compreender que, se ela escolher dirigir-se, não a ele, mas ao governo para prover às suas próprias necessidades e às dos seus filhos, se verá obrigada, então, a contar apenas com esta instituição.

XXII

Outra resposta suficiente ao argumento segundo o qual o consumo de bebidas alcoólicas conduz à pobreza é que, *regra geral*, esse argumento não faz mais que colocar o efeito antes da causa. Ele pressupõe que o uso de bebidas alcoólicas causa a pobreza, em vez de ser a pobreza que leva ao vício de beber.

A pobreza é a origem natural de quase toda a ignorância, todo o vício, todo o crime e toda a miséria que existem no mundo.[7] Como é possível que uma fração tão grande da população ativa da Inglaterra seja bêbada e viciada? Os seus membros não têm decerto uma natureza pior que a dos outros homens. Mas é porque a sua pobreza extrema

---

[7] A exceção desses grandes crimes que uma pequena minoria, que se atribui o nome de governo, exerce sobre a maioria através de uma extorsão organizada, sistemática, e através da tirania. E só a pobreza, a ignorância e a fraqueza da maioria de tudo isso resultantes permitem à pequena minoria unida e organizada adquirir e manter sobre a primeira um poder tão arbitrário.

e sem esperança os mantém mergulhados na ignorância e na servidão, aniquila a sua coragem e o seu orgulho, os põe à mercê de constantes insultos e injustiças, de misérias negras e sem fim, e os leva por último ao desespero, que a curta trégua que a bebida ou outro vício lhes proporciona constitui, a título temporário, uma espécie de consolação. Não é outra a causa principal da embriaguez e dos outros vícios que prevalecem entre os trabalhadores da Inglaterra.

Se eles, hoje bêbados e viciados, tivessem tido as mesmas oportunidades e conhecido o mesmo quadro de existência que têm as classes mais abastadas; se tivessem sido criados em lares confortáveis, felizes e virtuosos, e não em lugares sórdidos, miseráveis e degradantes; se tivessem tido as chances de adquirir conhecimentos e bens, e de se tornarem inteligentes, prósperos, felizes, independentes, respeitados, garantindo-se todas as satisfações intelectuais, sociais e domésticas às quais uma atividade honesta e justamente retribuída lhes permitiria o acesso –, se tivessem tido tudo isso, em vez de terem nascido num duro mundo de trabalho sem retribuição, e que os marcou com a certeza de terem de se matar à força de trabalho, estariam hoje tão livres dos seus vícios e fraquezas como aqueles que se erigem em seus acusadores.

De nada serve dizer que a embriaguez ou qualquer outro vício aumenta ainda mais o peso das suas desgraças, porque a natureza humana é assim – a fraqueza da natureza humana, se é esse o seu entender – que os homens não possam suportar mais que certa quantidade de desgraça, antes de perderem toda a esperança e toda a coragem e de cederem, então, praticamente seja ao que for que lhes prometa um alívio ou uma compensação imediata, ainda que isso implique uma miséria agravada no futuro. Pregar a moral ou o bom senso a pessoas tão miseráveis, em vez de aliviar os seus sofrimentos, ou de melhorar as suas condições de vida, não é mais que insultar a sua miséria.

Os que costumam atribuir a pobreza dos homens aos seus vícios, em vez de atribuírem os vícios à sua pobreza – como se cada pobre, ou a maioria dos pobres, fosse especificamente viciado –, serão capazes de dizer-nos que toda a pobreza dos dezoito últimos meses, que apareceu tão subitamente – de um instante para o outro – entre, pelo menos, vinte milhões de habitantes dos Estados Unidos, não passa de uma conseqüência natural da sua embriaguez ou de quaisquer outros vícios? Terá sido a sua embriaguez, ou qualquer outro vício, a paralisar, com a rapidez de um relâmpago, todas as atividades das quais eles viviam e que se mostravam, apenas alguns dias antes da irrupção da pobreza, tão industriosamente prósperas? Terá sido o seu vício a pôr na rua e a deixar sem emprego a fração adulta dos vinte milhões de pessoas em causa, levando esses adultos a consumir as suas magras economias, quando as tinham, e depois a fazer-se mendigos, suplicando trabalho ou, à falta de trabalho, um pouco de pão?

Terá sido o seu vício, de um só golpe e sem aviso prévio, a afligir os lares de um tão grande número desses homens de privações, desgraça, doença e morte? Não. Segundo toda a evidência, não foi nem a embriaguez, nem qualquer outro vício dos trabalhadores, o que os conduziu à ruína e à miséria. E se não foi o vício, *que terá então sido?*

Tal é a questão que se trata de resolver; tanto mais que é um problema que se levanta com freqüência, com o qual constantemente deparamos à nossa frente, e que não podemos pôr de lado.

Com efeito, a pobreza de uma grande massa da humanidade, em todas as partes do planeta, é o maior problema de todo o mundo. Se existe uma pobreza tão extrema e praticamente universal em todo o mundo, e se existiu ao longo de todas as gerações passadas, isso prova que tem origem em razões que natureza humana dos que a sofrem não foi até hoje suficientemente forte para superar. Mas as suas vítimas começam pelo menos a ver que razões são estas e estão cada vez mais decididas a vencê-las, custe o que custar. E os que imaginam que nada de melhor podem fazer que continuar a atribuir a pobreza dos pobres aos seus vícios, e a pregar contra os vícios dos pobres, em breve acordarão um dia e compreenderão, ao acordar, que os seus discursos pertencem ao passado. A questão que se porá a partir daí deixará de ser: quais são os vícios dos homens? – transformando-se noutra, muito diferente: quais são os seus direitos?

Leia da Editora A

A Coleção **Arca da Sabedoria** é um extraordinário conjunto de textos que retratam distintas culturas do mundo todo. Nela encontramos narrativas de cunho ora lendário, ora histórico como contos, fábulas, poemas e outros gêneros que fazem renascer nos adultos o gosto pelo maravilhoso, e nas crianças e nos jovens o estímulo de sua imaginação!

Contos Budistas da China

Os textos aqui apresentados são oriundos do antigo compêndio intitulado Tri-pitaka e apresentam ora um fundo doutrinário, ora uma moral. Os temas variam enormemente – o que confere um colorido especial à obra apresentada: a verdade, a amizade, a caridade, a razão, a justiça, a infidelidade e o ressentimento são alguns deles.

Contos Mágicos Celtas

A seleção de contos reunida neste volume é um pequeno recorte do vastíssimo universo cultural celta. Os textos apresentados baseiam-se na compilação de Joseph Jacobs, na segunda metade do século XIX. A magia é presente e permeia cada página deste volume onde respiramos uma atmosfera de encantamento em cada conto.

*Contos Mágicos Vikings   *Contas da Índia

*Contos de Duendes   *Contos Mágicos Irlandeses

Outros títulos da Coleção *B*

A Feiticeira
Jules Michelet

Jules Michelet nasceu em Paris em 1798. Historiador, foi chefe da seção histórica dos arquivos nacionais e professor no College de France. No entanto, ele escreveu também sobre a natureza e sobre a alma, onde se enquadra esta obra. O texto, que vê a feitiçaria como a religião original da Europa, trata da formação dessa misteriosa entidade feminina intitulada *feiticeira*, situando sua origem na Idade Média. Obra impressionante e de grande magnitude, lida até hoje por muitas e diferentes gerações.

O Poema do Haxixe
Charles Baudelaire

Charles-Pierre Baudelaire nasceu em Paris, em 1821. Poeta e ensaísta, Baudelaire destacou-se, sobretudo, pelo livro *Les fleurs du mal* (As flores do mal). A sua arte também serviu de base para a geração de simbolistas franceses que o sucederam como Mallarmé. Nesta obra, Baudelaire trata das drogas em geral e particularmente do haxixe (em voga na sua época) referindo os estágios e derivações filosóficas do seu uso.

Insultos a Chefes de Estado
Lysander Spooner

As Máscaras do Destino
Florbela Espanca

O Louco
Khalil Gibran